Wuu de Hosen Huusn haasn

H&F Verlag Scheibenberg

Dieses Büchlein gehört:

____

Im H & F Verlag Scheibenberg sind u. a. erschienen:

Wie dr Schnobl su gewachsn is	ISBN 3-9805904-3-7
Mr sei ahm, wie mr sei	ISBN 3-9805904-1-0
Crottendorf – unsere Heimat	ISBN 3-9805904-2-9
Hist. Festschrift von Gelenau	ISBN 3-9805904-4-5
Röhrsdorf – Einst und Jetzt	ISBN 3-9805904-5-3
Die Kriegschronik	ISBN 3-9805904-6-1

4. Auflage – 9. bis 13. Tausend
Design/Satz/Repro: Fa. Heidler & Fahle, Scheibenberg
Druck: Annaberger Druckzentrum GmbH, Cunersdorf
Bindung: Buchbinderei Kraft, Annaberg-Buchholz

ISBN 3-9805904-0-2

Wuu de Hosen Huusn haasn

Kleines Wörterbuch der erzgebirgischen Mundart

verfaßt von
Hendrik Heidler
und hergestellt von der
Fa. Heidler & Fahle
in Scheibenberg im Jahre 1997

Erzgebirgisch – Deutsch

H&F Verlag Scheibenberg

Inhaltsverzeichnis

Vorwort

Bei der Schreibweise der erzgebirgischen Wörter haben wir uns bewußt kaum an vorhandene Literatur angelehnt, sondern versucht, so zu schreiben, wie man es hier spricht. Dies ist unserer Meinung nach erlaubt, da es keine einheitliche Schriftsprache des Erzgebirgischen gibt und weil das Erzgebirgische als einheitlicher Dialekt ebensowenig zu finden ist.
Die Sprechweisen variieren teilweise von Ort zu Ort, so daß nur versucht werden konnte, annähernde Einheitlichkeit zu schaffen. Da dies jedoch nur für ein gewisses Gebiet und nicht für das ganze Erzgebirge, einschließlich des östlichen möglich ist, haben wir uns in etwa auf das mittlere und das westliche Erzgebirge beschränkt. Doch auch hier gibt es noch genügend Unterschiede, die nicht so leicht unter einen Hut zu bringen sind.
Da dieses Büchlein aber kein Gesetzestext ist, sondern aus Freude an der Sache entstand und ebensolches Vergnügen wie uns selbst auch dem werten Leser bereiten soll, haben wir uns trotz der Erwartung von Kritiken entschlossen, dieses Kleine Wörterbuch der erzgebirgischen Mundart zu veröffentlichen.

Viele Wörter wurden einfach den Einheimischen vom Munde abgeschaut, bei Gesprächen, Vorträgen etc. und so versucht niederzuschreiben, wie heutzutage – Ende des 20. Jahrhunderts – hier in dieser Gegend gesprochen wird. Die Bedeutung der Wörter entspricht dem gegenwärtigen Gebrauch. Aber auch das unterlag einer Wandlung. Es ist also müßig, in Büchern, vornehmlich älteren, nachzuschauen, um vermeintliche Fehler und andere Schreibweisen feststellen zu wollen und bei uns einzuklagen – wir halten uns sowieso nicht daran. Denn erstens sind wir der Meinung, daß die vorhandene Literatur entweder aus einer anderen Zeit stammt, die ihre eigene Sprechweise pflegte und zweitens jeder Autor seine eigene Interpretation davon hat, wie das Erzgebirgische zu schreiben sei.

Sicherlich wird es verschiedene Meinungen geben, wie das Erzgebirgische zu schreiben ist, insbesondere die abkürzende Sprechweise. Wir haben uns für eine entschieden, die unserer Auffassung nach die Aussprache am besten wiedergibt, obwohl wir uns bewußt sind, daß das nicht hundertprozentig möglich ist. Beispielsweise schreiben wir „mr“, andere schreiben „mer“ oder „mor“. Würde man versuchen, ganz

genau zu schreiben, wie man spricht, müßte jedoch „morr“ gewählt werden. Weil dann aber die Wörter immer länger geworden wären, haben wir uns für das kurze „mr“ entschieden.
Demzufolge kann und will die vorliegende Ausgabe kein wissenschaftliches Werk sein, sondern ist der Versuch eines erzgebirgischen Wörterbüchleins. Es erhebt somit bei weitem keinen Anspruch auf Vollständigkeit.
Natürlich werden wir ständig weitersammeln, so daß bei eventuellen Nachauflagen eine kontinuierliche Erweiterung abzusehen ist. Darüber hinaus sind wir über konstruktive Kritiken, Ergänzungen, Zuarbeiten und Hinweise jederzeit dankbar.
Mitunter tauchen auch Wörter auf, die in anderen Dialekten bzw. auch in der Hochsprache existieren. Sie werden von uns trotzdem so belassen, weil sie einfach das Bild des Erzgebirgischen abrunden und dazugehören.
Zum besseren Verständnis wurden Redewendungen und Satzteile eingefügt, die dem Ganzen sicherlich auch eine weitere humoristische Seite geben; der Humor ist dem Erzgebirgischen ja von Natur aus in die Wiege gelegt worden.

Desweiteren verniedlicht der Erzgebirger gern vieles und bringt damit häufig seine Verbundenheit zu verschiedenen Dingen zum Ausdruck. So wird der Vogel zwar auch „Vugl“ benannt, aber weil ihm die Vögel so gefallen, nennt er diese dann zärtlich „Vechele“. Sein Haus nennt er in diesem Sinne liebevoll „Heisl“ (mei Heisl) und zu seinem Großvater sagt er „Großvatl“ usw.

Eine besondere Form des Erzgebirgischen hat sich in Scheibenberg entwickelt. Diese wollen wir nicht unerwähnt lassen, weil wir nun einmal hier ansässig sind. Wenn meist im Erzgebirge vieles mit „a“ gesprochen wird, wie der Stein „Staa“ oder das Bein „Baa“ und nein „naa“, so heißt es in Scheibenberg „Stee“, „Bee“ und „nee“. Im Text haben wir uns demzufolge den Luxus erlaubt, die Scheibenberger Versionen anzufügen.

Wir hoffen, daß Ihnen dieses Wörterbüchlein gefallen wird „un sei dr Maaning, dossis e schiene Sach is, bei dar mr arscht emol sieht, wos mr ne ganzn Tooch vr Zeich zamm drzehlt“.

„Glick auf!“

Erzgebirgisch

Unnr Arzgebirgsch is ne Waltsproch, dos wass jedr. Huhlt mr Kuhln aus'n Kallr, socht mr *Feiering*, is is fast esu als ob mr in England is und de *Haazing* hehrt sich fast wie chinesisch ah. Aber aah, wos de Wörter haasn un wie se klinge, is net immer su wie mr denkt, maastns maane se wos ganz anorsch. *Fix* haast net fest sonnorn „schnell", hehrt mr *bluus*, su maant mr kaane Musik drmiet, sonnorn dos Wörtl „bloß". Dos Wörtl *net* hot nischt mit dr Rachnrsproch zi tu, dos bedeitet schlicht un aafach „nicht", genau esu wie e *Tier* kenn zoolochischn Hinnrgrund hamm muß, sonnorn de „Tür" drmiet bezaangt ward. Un taucht dos Wort *Leem* auf, do issis net der Schmand zun forme, soonorn is sei e paar „Löwen".

„Erzgebirgisch ist eine Weltsprache, wie leicht nachgewiesen werden kann. Holt man *Kohlen*, also „Feiering“ aus dem Keller, fühlt man sich nach England versetzt und die *(Heizung)* „Haazing“ hört sich fast wie chinesisch an. Aber auch die Bedeutung der Wörter ist häufig eine ganz andere als im Deutschen. „Fix“ heißt nicht fest, sondern *schnell*, hört man „bluus“, so ist damit keine Musik gemeint, sondern nur das Wörtchen *bloß*. Das Wörtchen „net“ hat nichts mit der Computersprache zu tun, es bedeutet schlicht und einfach *nicht*, ebenso wie „Tier“ keinen zoologischen Hintergrund hat, sondern die *Tür* bezeichnet und taucht das Wort „Leem“ in Gesprächen auf, so ist dies keine Masse zum Formen, sondern es sind mehrere *Löwen*.

A wie: Ardeppln assn mr aah.

(Kartoffeln essen wir auch.)

Aach *– Haste wos in Aach?*	Auge
aah	auch
aafaltich, eefaltich	einfältig
aafach, eefach	einfach
aanich, eenich	einig
aans, eens	eins
Aang	Augen
aangsinnich, eengsinnich	eigensinnig, genau
aarm	erben
abreckln	sich stark ärgern
Abee	Abort
Abeedeckl	Abortdeckel
Achtooch *– Ihr Achtooch.*	8 Tage (in einer Woche)
ah	an
ahbresln	beschimpfen
ahdachtich, ahdechtich	andächtig
Ahfang	Anfang
ahgebreslt	beschimpft; langsam ankommen
ahgedreht	zu spät kommen, betrunken kommen

abgefatzt	angerannt kommen
abgehaasn	angewiesen, befohlen
abgekarrt	etwas anstrengend herbringen (*von* herankarren)
abgereimelt	mit Rauhreif bedeckt
abgesengt	angekohlt
abgeta – *Do warich abgeta!*	angetan
abgieh, abgiehe	angehen, *auch im Sinne von* anfragen
abhaasn, abheesn	anweisen, befehlen
abkatschn	anbeißen
abln	ausruhen, faul herumliegen
abm	eben
abmol	auch einmal
Abmr, Ebmr	Eimer
abputzn	anputzen, anziehen, verkleiden
absackn	kräftig zupacken
abstiftln	anstiften
abzaange, abzeenge	anzeichnen
Abzeich	Anzeige
abzeing	anzeigen
abzettln	anstiften
Abziezeich	Bekleidung

Abzucht	Gosse
Allerwaltsmensch	pfiffiger Mensch
Alletooch	jeden Tag
Allewoch	jede Woche
Allterle	Elterlein
Amaasn, Ameesn	Ameisen
Ammich	Amsel
Annebarch	Annaberg
annorsch	anders
Ant – *Heit gibs bei uns Ant!*	Ente
Antn – *Dar redt wie wie e Antnarschloch.*	Enten
Äppl	Apfel
äpplkatschich	ängstlich, ziert sich
ar	er
Arbsn	Erbsen
Ardeppln	Kartoffeln, Erdäpfel
Ardepplstickn	Kartoffeleintopf
Ar'b	Arbeit
Arbitt	Arbeit
Arl – *in dr Arl*	Erla (ein Ort)
ar'm	arbeiten
Arschlaadr	Hinterleder an der Bergmannskleidung
arscht, arschte	erst, *auch* zuerst, erste

assn, Assn	essen, Essen
ästemiern	achten, beachten
Atzn – *Sis fei e Atzn.*	großes Stück
Auch	Auge
Aufständ machn	Aufwand betreiben
Aufstiehmannl	Aufstehmännchen; zappeliges, aufgewecktes Kind
Aung	Augen
ausdamme	verunglücken
ausputzit	ausbeuten, jemanden ausnehmen
ausschlong	ausschlagen, sprießende Knospen

B wie: Beede Bemme brotn mr ball.

(Beide Schnitten braten wir bald.)

Baa, Bee – *Hot die stackndirre Baa!*	Bein, Beine
Baabnl	Schmalspurbahn
Baanle, Beenle	dünne Beine
Baarmisgrie	Bermsgrün
baatn	beten
Bäck	Bäcker
Backs	ein Kartoffelgericht (Rauche Maad)
Bah	Bahn, Spur
Bahschlietn	Schneepflug
Balng	Balken
ball	bald
Balln	(Hand-)Ballen
Bamber, Bamberle	kleine Kartoffel
Bandl	Band (Stoffband)
Barg, Barch	Berg
Bargmaa	Bergmann
Bargmannle	geschnitzte Bergmänner
barme	klagen
Barnstaa, Barnstee	Bärenstein (Berg)
Barnstaa, Bernstee	versteinertes Harz

Basn – *Su e altr Basn!*	reizbarer, böswilliger (alter) Mensch
Basnstiehl	Besenstiehl
Batschle	übermäßig gepflegte, weiche Hände
batschn	beim Essen laut schmatzen
battln	betteln
Bauchwitting – *Iech hoh fei Bauchwitting!*	Bauchschmerzen
Bebe	Napfkuchen
Beckl	trotzig sein, nicht hören wollen, einfach so weitermachen
Beebemm	eine geröstete Schnitte
beede	beide
Beeggusch	schnell bzw. häufig weinender Mensch
beegn	weinen
Behme – *Vun Behme driem riebr.*	Böhmen
Beierle	Bäuerchen
Beil	Beule
beje	rösten, braten
beje	vom Schnee nasse Sachen trocknen

Bemm	Brotscheibe, Schnitte
benn – *benn Elektrischn*	beim
besengt – *Dar fährt wie ne besengte Wildsau!*	verrückt, *von* angekohlt
besonnorsch	besonderes
Bettl	Kissen, Sofakissen
bezaangt	bezeichnet
Bichs	Büchse, *auch derb für* Vagina
Biegleisn	Bügeleisen
biegln	bügeln
bietln	jemanden verraten
Birk	Birke
Birr	Birne, Kopf
Birscht	Bürste
Birscht	garstige Frau
bischn, eibischn	wiegen, einwiegen des Säuglings (mit leisem Zischen verbunden)
bischpern	vispern, flüstern
bittl, e bittl	etwas, ein bischen
bittln un battln – *Alts gebittl un gebattl!*	aufdringlich, wiederholend betteln
blaacht	bleicht, *von* bleichen
blaang	bleichen
Blaatsch	ein Schwupp Wasser

Blaatsch	Tollpatsch
Blach	Blech
bläget	schrie
bläng	laut schreien
blebbt	bleibt
bleed	dumm, *von* blöd
Blembe	*für* Blümchenkaffee (Plempe)
Bleo	Dummkopf
Bliemle	Blumen, Blümchen
Bluus	Bluse
bluus	bloß
Bobl	kleiner Junge
bobln	in der Nase bohren
bobln	etwas langsam tun, etwas genau tun
Bod	Bad
Bodhus	Badehose
bodn	baden
bodn gieh	baden gehen, *auch für* hereinfallen
Bootschoof	gutmütiger, dummguter Mensch
Bootvatr	schwerfälliger Mensch (so wie ein alter Mann)
Bosn	männliche Jugendliche

Bottn	große Schuhe, Füße
Braame	Bremsen (schmerzhaft beißendes Insekt)
braat, breet	breit
Braatl	Brett, Brettchen
Braatnbrunn	Breitenbrunn (Ort)
Brahtsch – *Su ne alte Brahtsch!*	*meist* dicke Frau, *die gern und lange sitzt*
Brattsche (Kuh-)	Kuhfladen
Bratt	Brett
Bratt, Brett	die Breite
braue	brauen
braung	brauchen
brazln – *Is Radscho brazlt.*	knisterndes Geräusch, *auch* schmoren
breckln	herumschimpfen; speien (brechen)
Bresl – *Su e Bresl Karl!*	kräftiger Mann (Kerl)
bresln	furzen
Brick	Brücke
Brieh	Brühe, Soße
Brill	Brille
Brilln	Brillen
brilln	brüllen
Britthenn	Bruthenne

Brotl	Schrippe, *auch* Semmel (z. B. Mohnbrotl)
brotn	braten
brumme	verstimmt sein
Bruud	Bruder
Bucke	Bockau (bei Aue)
Bums	Furz
bumsn	furzen
Bunne	Bohnen
Bunnestang	großer dünner Mensch
butn gieh	Botendienste machen (es gab Botenfrauen, z. B. das Butngustl)
Buttn	kleine Kinder
Buud	Holzhäuschen, altes Haus
Buudn	Boden, Buden, *auch* Holzhäuschen, alte Häuser
Buung	Bogen

C wie: Griene Chrisbaam kratzn ah.

(Grüne Weihnachtsbäume kratzen auch.)

***Chamms** – Dar kimmt vun Chamms.*	Chemnitz
Craansl	Cranzahl
Cradorf	Crandorf
Chrisbaam	Christbaum, Weihnachtsbaum
Chrisbaamspitz	Christbaumspitze
Cruutndorf	Crottendorf

D wie: De Dalgn deebrn daamisch.

(Die Dummköpfe schimpfen dämlich.)

daamisch	dämlich
daare	dieser
daatzn – *Die daatzn abr rim.*	schmeicheln, um-
dä, däe	denn
däenei	denn hinein
däesu	denn so
Dalgn	ungeschickter Mensch, Dummkopf
dalln (rim-)	etwas langsam machen, trödeln
damitis	damit du es
damitr	damit er es
damitse	damit sie es
dammich	ein Fluch
damming	fluchen
damprn	etwas langsam machen, trödeln
dar, dr	der
däritt – *Su e däritts Weibsn!*	aufgeregt aufdringlich, geil, scharf auf etwas, überstürzen

därmen	sich dehnen, unruhig herumwälzen
de	die, du
decht	dachte
***dechtn** – decht sich*	freuen, vor Stolz freuen
***deebrn** – Deebr när net esu rim!*	aufgeregt schimpfen
Deepskantr	hektischer, aufgeregter Mensch
deepsn	hektisch, aufgeregt sein
deitsch	deutsch
Deitschland	Deutschland
Derfl	Dörfel
Dingerrich	unsympatischer, *auch* unehrlicher Mensch
***Dingl** – Itze machich s Dingl nei.*	Weg (nach Hause)
Dinstich	Dienstag
Dippl	größere Tasse (Becher mit Henkel), Töpfchen
***dirr** – Su e dirrs Geprassl!*	dürr, *auch* schlank
dodrmiet	damit
dodrvu	davon
Doffl	dummguter Mensch
dohiere, dohierte	da, hier

dorsch – *Gieht dorsch gut?* es dir
Dorschtich Donnerstag
dorttn dort
dossis das ist
draaschn stark regnen
Drack Dreck
drackich, drackscb dreckig
Dralle Walle schwerfälliger Mensch (*auch* trödelnder)
Drasdn Dresden
dressich dreißig
drezze, dreizn dreizehn
drhaltn erhalten, festhalten
drhamm, drhemm zuhause
driebr darüber
driebrwagg darüber weg, *auch* darüber hinweg sein
drimme drüben
drlaam – *Dos mr dos noch drlaam missn!* erleben
drnaam daneben
drschloong erschlagen
drunnr darunter
drunnrwagg darunter weg
drunntn unten
drvu davon

drwaang	tatsächlich, wirklich
drzehln	erzählen
duhstr	düster
dumbed, dämpfed	muffig, *auch* schwerfällig, dumm
durchenannd	durcheinander
durchenannr	durcheinander
Durscht	Durst
durschtich	durstig
Dutz	leichter Stoß (bei Kleinkindern, meist mit den Köpfen)
dutzn	leicht zusammenstoßen

E wie: Emmende emol en namme gieh.

(Eventuell einmal einen trinken gehen.)

e	*sinngemäß wie* gar nicht
e	ein
ehamm, ehemm	zu Hause
Ehdorf	Ehrenfriedersdorf
Ehlbung, Eehlbung	Ellbogen
ehm	eben, flach
Ehrndorf	Ehrenfriedersdorf
eigeheimst	gehamstert
Eigepfiffne	Bratkartoffeln
eigeschnappt	trotzig, verstimmt sein
Eigeschniedne – *Heit gibs Eigeschniedne*	Bratkartoffeln
eiju – Un, eiju?	ja, alles in Ordnung
Eimstock	Eibenstock
eiriern	anfangen, anstiften, *auch wörtlich* einrühren
eisaafn, eiseefn	mit Schnee einreiben, *auch* jemanden hereinlegen
eischnappn	verstimmen, beginnen zu trotzen

Eisnbah	Eisenbahn
eitrichtrn	einpauken, intensiv auswendig lernen
eitue	hamstern, bevorraten
eitutschn, eititschn	eintunken
Emallich	Emaille
emende	vielleicht, am Ende
emol	einmal
en namme gie	Schnaps trinken gehen
esu	so (es ist so)
euj	*wie* ach, überrascht sein
euja	ja, natürlich
ewing	ein wenig

F wie Faache Farschtr froong net meh.

(Feige Förster fragen nicht mehr.)

faach	feige
Faachr	eine feiger Mensch
Faachr, Feechr	aufgewecktes bis leichtlebiges jugendliches Mädchen
Faadr	Feder
Faarsch	Ferse
fahlt	fehlt
Fahn – *Guck, wos die fr e Faahnl abbot.*	Fahne, einfaches Kleid
Fald	Feld
Fall	Fell
Falt, Bieglfalt	Falte, Bügelfalte
Falschr Fuftschr	Lügner
Fanstr – *Fanstr kloppn gieh.*	Fenster
Fanstrscheib	Fensterscheibe
Farschtr	Förster
farschtrn	aufgeregt sein und dabei überdreht reden
fartich, fartsch	fertig
Farz	Furz
Fast	Fest

fatzn	schnell umherlaufen, sausen
Fatzn	Wegstrecke
Fatzn	altes Kleidungsstück, sehr kurzes Kleid
Faunz	Lüge
Faunz – *Sollich dr ne Faunz neihab?*	Ohrfeige
Faunzerei	Schlägerei
Feedn	Fäden, lange Haare
Feedn reenge	starker Regen
feedr – *Dos gieht feedr!*	fort gehen, losgehen
feenzn	weinen
fei	wirklich, aber
Feieraahzindr	Kohlenanzünder
Feiering	Feuerung
Feierohmd	Feierabend
Feierriebl	Schornsteinfeger
Feierwahr, Feierwehr	Feuerwehr
Feierwark	Feuerwerk
Feierzeich	Feuerzeug
Ficht	Fichte
fiedschln	fiedeln, *auch* auf einer Fläche hin und her bewegen (z. B. mit einem stummen Messer)

Fietzn – *Gabb mr mol ne Fietz!*	Schnitten, belegte Brotscheiben
fimpfe	fünf
Fimpfr	Fünfer
Fimpfrnutschr	ein Lutscher für fünf Pfennige
Fimpfrsamml (-brotl)	Schrippe, Brötchen
findsch	finde ich
Finkele	Funken, leichte rieselnde Schneeflocke
finkln	rieseln (funkeln, glitzern)
Finknnabbl	kleines Glas
fischln	etwas schwer anfassen können, nach etwas greifen wollen
Fiss – *Naa, die drakschn Fiss!*	Füße
fix	schnell
Flaamel	weinerliches Gesicht
Flaaschr, Fleeschr	Fleischer
Flack	Fleck, *auch* Ort, Stelle
Flackle	*für* mehrere Orte, Stellen
flamln	weinerlich sein, ein bißchen weinen

Fleet	Flöte, *auch für* windige Gegenstände
Fleh	Flöhe
Flemm – *Ne Flemm ziehe.*	weinerliches Gesicht
flemme	weinen
Fliech	Fliege
Fliechl	Flügel, *auch* kleine Fliege
Fliechln	die Flügeln
Flieng	die Fliegen
flieng	fliegen
Foosnt – *Sune Foosnt!*	Fasching, Fastnacht *auch für* Aufruhr
Foosntknackr	zu Fasching verkleidete Kinder
Forscht	Forst
fr	für
Fraa	Frau
Fraad, Freed	Freude
frde	für die, für sie
freilich	natürlich, selbstverständlich
Fremd	die Fremde
Freschl	Frosch
Frettich, Freitich	Freitag
friern	frieren

***friehr** – Ja friehr do warsch ganz annorsch!*	früher
friehr	zeitiger (z. B. aufstehen)
Frooch	Frage
froong	fragen
Frosch	schleimiger Auswurf
frse	für sie, für die
Fuchtschr	Fünfziger, *meist für* Geld
fuchzich	fünfzig
fuchzn	fünfzehn
Fuftschr	Fünfziger, *meist für* Geld
fufzich	fünfzig
fufzn	fünfzehn
Fußbood	Fußbad
Fußbuudn	Fußboden

G wie: In Gartn gaatn gieh.

(In den Garten jäten gehen.)

Gaachr	Jäger
gaatn	jäten
gaatschn	viel Unsinn schwatzen
gabb	gib
Gack	Jacke
gahglich, gahgich	bleich
gahlich	bleich
gahling – *Mach när net esu gahling!*	übereilt, schnell, plötzlich
gahm	geben
galambr	weich, weichlig, schwabbelig, beweglich
Galt	Geld
gammrn	jammern
Gansbach	Jahnsbach
Garscht	Gerste
garschtich	garstig
Garschwall	Gehringswalde
Gartl	Garten, Gärtchen
Gartnpfarrtl	Gartentor
Gartntierle	Gartentor, -tür
gassn	gegessen

Gauch	Jauche
gauchsn	jauchzen, quieken
Gaunggrub	Jauchegrube
Gaungstackn	großer schlanker Mann bzw. Frau
gebatt	gebeten, *schon fast wie* angefleht
gebliemlich	geblümt (fast schon zuviel Blumenmuster)
gebliemlt	geblümt
geboblich	feine, genaue Arbeit mit kleinen Sachen
Gebrill	Gebrüll
gedall	langsam etwas tun, langsam sein, *auch von* spielen, *auch* feine, winzige Arbeiten
Gedicht, Gedichtl	Genuß (wenn etwas sehr gut schmeckt)
geeirich	unsicheres Verhalten
Gehäng	langer, dünner, schlacksiger Mensch
gehl	gelb
Gehln	Gelenau
Geich	Geige

geigln	komisch sein, herumspaßen
geing	geigen, *auch* regnen
Geirschdorf	Geyersdorf
gekastl, gekastlt	kariert
gelaabich	glaube ich
gelambrich	weich, weichlig
gelanglich	unleidlich, *auch* verlangend
gelatscht – *Misst glei ene gelatscht kriegn!*	geohrfeigt
gelatscht – *Hast ene gelatscht kriecht!*	elektrischer Stromschlag
Gelaus	Kleinkram
gelei	gleich
Gelurks	Murks
Gemies	Gemüse
Geprassl	Lumpenpack
Gequark	geredeter Unsinn, Trödelei
Geraunz	Gerümpel, *auch für* Geschimpfe
geredd	geredet
Gereed	Gerede
Geschling	äußere männliche Geschlechtsorgane

geschnallt, geschnacklt	begriffen
gestraaft	gestreift
Gestreichlich	Sträuchergruppe
getipplt – *E getippltes Klaad*	getupft, gepunktet
Getraad	Getreide
Gewiechte Kliesle	Buletten
gewischt – *Ene gewischt kriegn.*	elektrischer Stromschlag
gezaangt	gezeichnet
gezschieblt	gefleckt (z. B. ein Stoffmuster)
gibbs – *Gips gibbs in dr Gipsfabrik.*	gibt es
Giege	Nasenschleim (wird bei Kindern so gesagt)
gieh, giehe	geh, gehen
giemohie	gehe einmal hin
Gitt	Freude, Überschwang
glaabich	glaube ich
glaam – *De kasts glaam odr aah net.*	glauben
glei	gleich
Glick	Glück
gogln, gaagln	mit Feuer spielen
Gottsackr	Gottesacker, Friedhof
gottsgammrlich	erbärmlich

gravetätisch	gravitätisch, würdevoll
Greibele	Graupen, kleine Hagelkörner, *auch* Schneekörner
greibln	graupeln
greierlich	grau, greulich
grie	grün
Griedorschtich	Gründonnerstag
Grief	freches Kind (eher freundlich gemeint)
griene	grinsen
griene Gurkn	grüne Gurken
Griene Klies	Grüne Klöße
Griene Klitschr	Kartoffelpuffer
Griestaadl	Grünstädtel
Grinnhah	Grünhain
Griss	Grüße
grode	gerade, *auch* zum Trotz
Groob	Grab
Groobstaa setzn	Totenfeier nach der Beerdigung
Groom	Graben
groome	graben
Gros	Gras
Groschnsamml	eine Semmel für zehn Pfennige

Grub	Grube
Grummbich	Grumbach
***gruß** – Abr dar hot ne gruße Gusch!*	groß
Grußrickrschwall	Großrückerswalde
guck	schau (*von* scheuen)
Guckr	Augen
Guckrts	kurzer Blick
Gung	Junge
Gunge	die Jungen
Gungfr	Jungfer
Gungr	Junger, Jugendlicher, Jüngerer
Gungs	nicht sehr derber Schlag
gungsn	nicht sehr derb schlagen, rempeln
***Gurk** – Naa, su ne Gurk!*	„frecher" Mensch (kann auch gutmütig gemeint sein), jemand der Streiche macht
Gurk	Gurke
Gurk	der Korken
gurksn	gurgeln (wenn es im Bauch gurgelt)
Gusch	Mund

Guss	Waschbecken
Gust	unsympatischer Mann
Gutgusch	Genießer (beim Essen, gerne naschen)
Gutntoochstackn	Spazierstock

H wie: Heit huln mr Hei rei.

(Heute holen wir Heu herein.)

Haadnmahle	sagenhafte Frau in der Scheibenberger Heide (eine Art Hexe)
haammele dutz	wenn man mit Kleinkindern im Spaß die Köpfe aneinanderstößt
haane	hauen, schlagen, *auch* mähen
Haanzbank	Heinzebank
haar	her
Haarmorschdorf	Hermannsdorf
haasn, heesn – *Dort wu de Hasen Hoosn haasn, un de Hosen Huusn, do sei mr drhamm!*	heißen
haaß, heeß	heiß
Haazing, Heezing	Heizung
Habbele (e Habbele)	kleines Stück (Essen), Happen
Habr	Hafer
Habrstruh	Haferstroh

hachln	hecheln
Hack – *Ne Hack hamm.*	betrunken sein
Hackbratt	Schneidebrettchen
Hadr	Scheuerlappen
Hah	Hahn
Hahbuttn	Hagebutten
hahe – *hahe, mach när*	ja, ungläubiges bis bestätigendes Ja (je nach Betonung)
hahe – *Gros hahe, ene runnr hahe*	hauen
Hahnl	Hain, Wäldchen
Half dr Gott ze tausnd Taler.	*für* Gesundheit (beim Niesen)
hall – *An hallrlichtrn Tooch.*	hell
Hall	Halde
Hall	Halle
halle	*sinngemäß:* Hast du verstanden? *oder* es ist eben so
Hallml	Halm (z. B. Grashalm)
halt – *Sis halt su.*	eben
hamm	haben
Hamm, Hemm (e Hamm, dr Hamm)	Hause (zu Hause)

hammr	haben wir
Hammr	Hammer
Hammr	Hammerunter-wiesenthal
Handsching	Handschuh, -schuhe
Hannlsmaa	Hausierer
har	her
hargahm – *Nu dar kaa hargahm!*	hergeben, *auch* stark schimpfen
Harrle – *Haste Harrle?*	Hörnchen, *auch* wenn ein Kind bockt
Harrnl, Harrnle	Horn (Beule), Hörnchen, *auch* wenn ein Kind bockt
harrschte	hörst Du
Harter	Weinbrand
Harz	Herz
haste	hast du
Hawedl	Krawall, Aufregung
Hebschmauß	Bauheben, Richtfest
hehe	*sinngemäß:* Hast du verstanden? *oder* es ist eben so
hehrn	hören
Hei	Heu
Heibl	Haube

heidewitzkaa	in guter Stimmung sein
Heifraad, Heifreed	Notlüge, durchsichtiger Vorwand
heiln	heilen, *auch* weinen
Heisl – *Dos is mei Heisl.*	Haus, Häuschen
heit, heite	heute
Hemm – *Zieh e Hemm driebr!*	Hemd
Hemmkrong	Hemdkragen
Henn – *Gabb mr ne Bemm, du bleede Henn!*	Henne
hette	*sinngemäß:* Hast du verstanden? *oder* es ist eben so
hie	hin
Hiebeer	Himbeere
Hiebele	kleine Hügel am Scheibenberg
Hiebl – *Unnr Hiebl is net ibl.*	Hügel (*auch* liebevoll für den Scheibenberg)
hiegehab	hingefallen
hiegeschwarrt	kräftig hingefallen
hieklatschn	hinfallen
Hienersaarb	eine Krautpflanze
Hienl	Huhn

biespraatzn	*nachlässig bis vulgär* hinsetzen, sich zeigen
bietue	hinlegen
Hift	Hüfte
Higgenie	Hygiene
bimme	hüben
Hind	Hunde
binnewiedr	hin und her, ein Kommen und Gehen
birtsn – *Wos birtste däesu rim?*	hetzen, hurtig laufen
Hirtstaa	Hirtstein (bei Satzung)
Hitsch	Fußbank
Hitt	Hütte
boh	habe
bobb	habe
bohm	haben
bohs	habe es
bollorn – *Här när wies bollort!*	starker, wirbeliger Wind
Hoos	Hase
Hoosn	Hasen
Hoosnbrotn	Hasenbraten
boot	hat
boots	hat es
botte	Ruf des Kutschers

Hubl	Hobel
hubln	hobeln
Hublspaa, Hublspee	Hobelspäne
huch – *Huch, wos is dä dos?*	eine Art erschrecken
Huble	Hohlweg, Loch
huhln	holen
huhnackit	zum Hohn necken
Huhneigahr	Hochneujahr
Huhstaa	Hohenstein-Ernstthal
Hundsmattr	eine Bergbezeichnung (heute ist dort das Oberbecken des PSW Markersbach)
Hundsmattrweibl	Sagengestalt
Hunnort	Hundert
hupm	hupen
Huppauf	zappeliges Kind, Aufstehmännchen
Huppedietl	zappliges Kind, Moped
huppm	springen
Hupprts	Sprung
Husch	Macke, nicht ganz richtig im Kopf
husch	los, schnell

Huschorle	kleines Feuer, schnell warm (Feuer) machen
huschtich	schnell, plötzlich
Hutl – *Steckn när is Hutl nei!*	Schnuller, Nuckel
hutschn	schlurfen (mit den Schuhen)
hutt	hat
Hutwaad	Hüteweide, Gemeindeweide
Hutzln	Runzeln
hutzn gieh	*siehe Hutznohmd*
Hutznohmd	gemütlicher Abend im Winter mit Schnitzen, Klöppeln, Singen und Erzählen
huuch	hoch
huuchhaltn	jemanden ehren, in Ehren halten, *auch* hochhalten
huuchnamme	jemanden veralbern, auf den Arm nehmen
huum	oben
Huus	Hose
Huusn	Hosen

I wie: Issis itze immesisst?

(Ist es jetzt umsonst?)

ibr	über
Ichl	Igel
iebl – *Auweh, mir is speiiebl!*	übel, schlecht
iech, iejech	ich
Ienlt	Inlett (Stoff für Federbetten)
illern	kurz gucken (*auch* heimlich gucken)
immering	rundherum
immesisst	umsonst
innenannr	ineinander
innudu ... – *innudu Ugelick*	drückt Stimmungen aus (nicht übersetzbar)
Inslt	Talg
Insltlicht	Kerze
inusseja	drückt Stimmungen aus (nicht übersetzbar)
is	ist
is	es
is – *is Haus*	das
issis	ist es

ississis	ist es das
itze	jetzt

J wie: Sis bessr wie garnischt.

(Es ist besser als garnichts.)

jae *– Jae, is dä dos wirchlich esu?*	ungläubiges ja, ja wirklich
Jannewahr	Januar
Jehstadt	Jöhstadt
Johannstadt	Johanngeorgenstadt
Juhuu	*wie* Hallo (ruft man, wenn jemand weiter weg ist, um auf sich aufmerksam zu machen)
Jungd	Jugend

K wie: Klaane Kinnr kenne ketschln.

(Kleine Kinder können kippeln.)

kaa, kee	kein
kaabisch	(beim Essen) wählerisch
Kaahl	Kehle
kaan, kenn	keinen
kaane, keene	keine
Kaas	Käse
kaasn	Unsinn reden
kaasweiß	so sieht jemand aus, dem unwohl ist
kachln – *Kuhln in Ufm neikacheln.*	einwerfen, *auch für* ohrfeigen
Kafaat	Grimasse, *auch für* unmöglichen Typ
Kaftorle	kleiner Raum
kah	kann
kahnr, kehnr	keiner
Kallich	Kalk
Kallichwand – *Dar sieht aus wie ne Kallichwand.*	so sieht jemand aus, dem unwohl ist
Kallr	Keller
Kallrschoof	Kellerassel
kämmr	können wir

Kamuff	Kamel (als Schimpfwort), Dummkopf
Kann, Kannl	Kanne
Kapall	Kapelle
Karfrettich	Karfreitag
Karlle	Körner
Kaschpr	Kasper, Spinner
Kastannich	Kastanie
kaste	kannst du
Kastlblock	karierter Schreibblock
Kastlpapier	kariertes Papier
Kastr, Kastrn	Kastanie, Kastanien
Katschek	Katapult
Kät	von Dreieinigkeit (Annaberger Volksfest)
katschn	laut kauen, schmatzen
Katschr	Kaugummi
Keechele	Kügelchen
keechln	kegeln
Kehlerrieb, Kehlerriem	Kohlrübe, Kohlrüben
keie	kauen
ketschln	kippeln
Kie	Kühe
Kinnr	Kinder
kissn	küssen
Kissn	Kissen

***Kitschl** – mei Kitschl*	*liebevoll für* Auto
klaa, klee	klein
Klaad, Kleed	Kleid
Klack	schmaler Spalt
klaue	stehlen
Klies	Klöße
Klimmziech (... machn)	Klimmzüge, *auch für* Aufwand betreiben
kloppn	klopfen
knärn	drücken, schieben, drängeln
Knast	Hunger
Kneebele	Fingerknöchel
Knepp	Knöpfe, *auch für* Geld
Knibbl	Knüppel
Knibblkuhng	Knüppelkuchen
Kniddl	etwas, das groß und kräftig ist
knietschn, knietschich	weinerlich
Knochn	Knochen, steiler Anstieg
Knublich	Knoblauch
Kollerrabie	Kohlrabi
Kopp	Kopf
Koppkissn	Kopfkissen
Koppttichl	Kopftuch
Koppwitting	Kopfschmerzen

Kraampl	Krempel, Trödelkram
Krafaat	Grimasse, *auch für* unmöglicher Typ
Kramplich	Krempling
Kranzl, Kaffeekranzl	ähnlich Hutznohmd, jedoch meist nur Frauen
Krass, Kress	Kresse
Kratzbeer	Brombeeren
kratzn	kratzen
Krautr	alter Mann, *auch* alter Sonderling
krawanzn	poltern, umgehen
Kreetn	Geld
Kreiterich	Blätter und Stengel am Gemüse
***Kreiterich** – Naa, su e altr Kreiterich!*	alter Mann, *auch für* reizbarer alter Mann
Kreiz	Kreuz, Rücken
Kreizwitting	Rückenschmerzen
Kriebl	schlechter, böswilliger Mensch
Kriebs, Kriebser	Kerngehäuse des Apfels
Kriech	Krieg
krichich	bekomme ich
Kriegl	Krüglein
krieng	bekommen

Kroh, Krohe	Krähe
Kroong	Kragen
Kruutschr –	
die paar Kruutschr	wenig Geld
Kuchl	Kugel
kuddln	schnell trinken
Kuhhos	Kaninchen
Kuhl	Kohle
Kuhli	Kugelschreiber
Kuhln	Kohlen
Kuhlnahmr, Kuhlnehmr	Kohleneimer
Kuhlndrack	Kohlendreck
Kuhlnkallr	Kohlenkeller
Kuhlnkastn	Kohlenkasten
Kuhng	Kuchen
Kuhngrampfl	Kuchenrand
Kutsch	Kinderwagen
Kuub	Kopf
kuusn	Unsinn reden, schwatzen

L wie: Leis lessn Leem laam.

(Läuse lassen Löwen leben.)

Laab	Laub
Laad	Leid
Laadl	kleiner Laden
Laadrhus	Lederhose
Laafkarrn	Schubkarren
laafn, laafm	laufen
Laah	Lehne
laam, Laam – *In ganzn Laam net!*	leben, Leben
laasn	lesen
Laatschn	alte Schuhe, *auch* lustig über (neue) Schuhe
laatschn – *Kaum ward vun Esl getraatscht, kimmt er aah schie abgelaatscht*	nachlässiges Laufen
laatschn	ohrfeigen
Lächl	kleines Loch
Lächr	Löcher
lächrn	löchern, ausfragen
lächtn	leuchten
Ladrgack	Lederjacke

labbrn	plappern
Labrmaastr, Lebrmeestr	Lehrmeister
Langefald	Lengefeld (Ort)
lappm, rimlappm	Unsinn reden
Lappn	Lappen zum Saubermachen
Lattscherle	kurzes Gespräch
lattschn	kurz reden
Lauschr	Ohr, Ohren
laut – *Mach laut, damitis schaffst!*	schnell
Lautere – *In dr Lautere wuhne lautr Sachsn.*	Lauter (steht so am Bahnhof: Lauter/Sachsen)
laweet	wackelig, unsicher
Lechtr	Leuchter
Leeb	Löwe
Leem	die Löwen
Leemmaul	Löwenmaul
Leffl	Ohr, Ohren
Leffl	Dummkopf, unsympatischer Typ
leiorn – *Alts geleier, alts!*	stetig monoton reden, immer wieder bitten
leiorn	schwindelig
leirich	schwindelig
Leis	Läuse

Leischorle	kleines Feuer, schnell warm (Feuer) machen
Leit – *Wos sei de dos vr Leit zamm?*	Leute
Lerrich	Lerche
lessn	lassen
Liech	Lüge
Liech	Liege
liem	lieben
Liemstaa	Liebenstein
lieng	lügen
lieng	liegen
lilla	lila
linn	gelind
Lob	*sinngemäß* Guter
Loborle (Hosn-)	Hasenkot, Kügelchen
lodn	laden, *wie* aufladen
Lodn	Ladengeschäft, *auch für* lange Haare
lulln	urinieren
Lullo – *Mußte mol Lullo?*	Urin (zu Kindern)
lummern	brennen (*im Sinne von* stark bzw. intensiv, z. B. Feuer lummert *oder* eins ins Schienbein lummern *oder* Schmerz,

	der lummert, die Sonne lummert)
Lung	Lunge
lunzn	kurz gucken, *auch* heimlich gucken
lurksn	murksen
Luuch	Loch, *meist für* großes Loch
luus	los sein
Luus	das Los
Luusbuud	Losbude
luuslessn	loslassen
luusn	losen
Luxoredn	Lakritzen
Luxorednstange	Lakritzstangen

M wie: Mannsn missn manchmol mootzn.

(Männer müssen manchmal schwatzen.)

Maa	Mann
Maad	Mädchen
maane	mein
maane	meinen
Maaning	Meinung
maant – *Wos maanste?*	meint, Was meinst du?
Maas	Meise
Maas	Mais
machichs	mache ich es
Mahlfassl	Unsinn Erzählende(r)
Mahlfraa	Unsinn Erzählende(r)
Mahrgusch	Unsinn Erzählende(r)
mahrn	schwatzen
Makronie – *Reibkaas fr de Makronie.*	Makkaroni
Malzl	Bonbon
Mamm	Mutter
manchmol, mannichmol	manchmal
Mannsn	Mann, Männer
Manzle, Meinzle	Weidenkätzchen
Mariebarch	Marienberg

Mark	Marktplatz
Matschlhaarich	Matjeshering
Matz	Ausschuß, *auch für* unfähiger Mensch
Matzle	Ungeziefer
maunkn	weinerlich klagen, *auch* Katzenmiauen
Maurschbarch	Mauersberg
meestns	meistens
meh	mehr
Mehr	Möhre
meinthalm	meinetwegen
meintwang	meinetwegen
Meis	Mäuse
Meppl	kleines Fahrzeug
Mickn	Geld
miech	mich
Miepe	Markersbach, *auch der Fluß* Mittweida
miet	mit
mietlaafn – en miet-*laafm hamm*	mitlaufen, *auch* blöd
Milich	Milch
Mill	Müll
Milln	Milben
Millnaa	Mildenau

mir	wir, mir
mirsch – *Also namm mirsch när net iebl!*	mir es
missn	müssen, *auch* vermissen
misst	müßtest
Mittwich	Mittwoch
Mitz	Mütze
mol	mal (einmal)
mohln	malen
mohrng	morgen
mootzn – *su e Gemootz*	Unsinn reden, Geschwätz
Mothsgung	echt Scheibenberger Weihnachtsfigur
mr	man, wir, mir
Muckies	Muskeln
Mungädl, Mugädl	Kleinigkeit
Mungei	Schmant
Muntich	Montag
Muttl	Mutter
Mutwurf	Maulwurf
Muus	Moos
Muushaad	Moosheide (zwischen Zwönitz und Grünhain)

N wie: Neie Näl nei naln.

(Neue Nägel hinein nageln.)

naa, nee	nein
Nabbl	Napf, *auch* Schale
nabresln	beschimpfen, jemanden die Meinung sagen
Nachtheibl	Nachthaube
Nachthemml	kurzes Nachthemd
nackitt – *Fix guck hie, die is fei nackitt!*	nackt, nackig
Nal, Näl	Nagel, Nägel
naln	nageln (*auch* derb für den Beischlaf)
namm	nimm
när	nur
natzn – *E Natzerle machn.*	schlummern
nauf	hoch, hinauf
naus	hinaus
Nechr	Neger
Nechrschwaas	*spaßig für* Cola
nehe – *E Relle Nehseid.*	nähen
nei	hinein
nei	neu
Neidorf	Neudorf

neigieriche Rehziech	neugieriger Mensch (Rehziege)
Neigrosch	Neugroschen, bezeichnet Groschen
neihabe	ohrfeigen, *auch* etwas reinwerfen
neiknärn	eindrücken, einschieben, hineindrängeln
neimalkete Millich	frische Milch
Neinrlaa, Neinrlee	Neunerlei (ein erzgebirgisches Festessen)
neinzn	neunzehn
neischwarrtn	kräftig ohrfeigen, *auch* etwas mit Schwung reinwerfen
neistirln	hineinstochern
nennze	neunzehn
net	nicht
Netzkann	Gießkanne
netzn	gießen
niebr	hinüber, rüber
Niedrschloch	Niederschlag (Ort)
niftln	reiben
ningln	nörgeln
Nischl	Kopf

nischln	mit dem Kopf zusammenstoßen, aus Ärger heraus *oder auch* zärtlich
nischt	nichts
nitzn	nützen
nitzt – *is nitzt nischt*	nützt
nochorts – *Paß auf, nochorts issis zeviel!*	dann, danach
Noos	Nase
nornst	dann, danach
nu	nun
nudln	weinen
nutschn	lutschen
Nutschr	Lutscher

O wie: Hoot dr Ohp de Ohm ohgeschmatzt?

(Hat der Opa die Oma geküsst?)

Obrscheib	Oberscheibe (Ort)
off	auf
oh	ab
ohflabe – *Mol kurz ohflabe gieh.*	oberflächlich waschen
ohgekarrt	abgemachte Sache
ohgie, ohgiebe	abgehen, abfahren
Ohm	Oma
ohnamme	abnehmen, fotografieren, kopieren
ohniftln	abreiben, abnutzen
Ohp	Opa
ohschmatzn	küssen
ohseie	abgießen (durch Sieb)
Ohthal	Oberwiesenthal
olbr	albern sein, seltsam
olbrn	herumalbern
Olbrnaa	Olbernhau
Onk	Onkel
Onkln – *ibr de Onkln laafn*	Füße, mit den Füßen nach innen laufend

Örbse	Kopf
Orchl	Orgel
Orchlpfeifn	Orgelpfeifen (auch die Basaltsäulen des Scheibenbergs)
Ossl	schleimiger Auswurf

P wie Prieglн, plautzn, pfatschn un in dr Pfitz neiklatschn.

(Schlagen, krachen, knallen und in die Pfütze fallen.)

paachln	Dampf inhalieren (zum Ausheilen)
Panteppln	Pantoffeln
Papp	Vater
Parrle	Perlen
Patenich	roten Kopf haben
Patenning	Pfingstrosen
pautztich – *Pautztich, hoots dich hiegehaa!*	nicht übersetzbar, wird gesagt, wenn jemand schnell hinfällt
Perremett	Pyramide (erzgebirg. Volkskunsterzeugnis)
Pfaar	Pferd
Pfaarnast – *Du bist e alts Pfaarnast!*	Dummkopf, Tollpatsch (Pferdenest)
Pfannekung	Pfannkuchen
Pfarr	Pfarre, Pfarramt
Pfarrtl	Pforte, kleines Tor
Pfatsch	Klatsch
Pfatschors	Knall
Pfatschl	Moped

pfatschn	klatschen, knallen, *auch* mit Wasser spritzen
pfiebm	schlecht Luft bekommen
Pfitz	Pfütze, *auch für* kleines Bächlein
Pflaum	Pflaume
pfui Geyer, pfui Teifl	wenn etwas eklig ist
pfuschn	schwarzarbeiten
Pieberle	männliches Glied bei kleinen Jungs (verniedlichend)
Pinkl	übertrieben feiner Mensch
Pinkl, Pinktl	kleiner Punkt
Pittrsiel	Petersilie
Platzmitz	Dummkopf, Tollpatsch
Plautz	lauter Schlag, Knall
Plautz – *Hasts off dr Plautz?*	Lunge
plautzn	streiten, auch knallen (z. B. Tür knallen)
Pleez	Schläge
Plett	Bügeleisen
Plettbratt	Bügelbrett
Plooch	Plage
ploong	plagen
Plootz	Dummkopf, *auch* Knall

Pollezei	Polizei
prassldirr	extrem stark ausgetrocknet, *auch* sehr schlank
prasslt – *Pass auf, is prasslt glei!*	schlagen, ohrfeigen
Pree	Glück, Vorzug
Priegl – *Su e Priegl Zeich.*	sehr kräftiger und großer Mann
priegln	schlagen
prokeniern	vor sich hinreden
Puhtle	Kücken

Q wie: Quacksalbr quaarkln rim

(Aufgeweckte Kinder quirlen herum)

Quaarkl, Quaarkle	Klößchen, Harzer Käse (Quarklkaas)
Quaarklkaas	Harzer Käse
quaarkln	quirlen, störend zwischen anderen herumlaufen
Quackn	Quecken (Grassorte)
Quacksalbr	aufgewecktes Kind, pfiffiger Mensch
quarkn	Unsinn reden
quastln, quastrn	rauchen
Quatsching, Quetsching	Zwetschge
Quetschkastn	Ziehharmonika

R wie: Rauche Raachr raang un Rachnr rachne Rachning aus.

(Rauhe Raucher rauchen und Computer rechnen Rechnungen aus.)

Raachr	Raucher
Raachrkarzl	Räucherkerze
Raachrmannl	Räuchermann
raachrn	räuchern
raang	rauchen
Raas	Reise
raasn – *E bittl drausnrimraasn, dos kennt dr su paßn!*	reisen
Rachel	ausgewaschner Hohlweg
Rachel	laute, rauhe Stimme
racheln	laut weinen
racheln	schweres, rasselndes Luftholen (bei Erkältung)
Rachn	Rechen
rachn, rachne	rechne, rechnen
Rachning	Rechnung
Rachnr	Rechner (Computer)
Racht – *Sis racht esu!*	Recht *(von* richtig)
rachts	rechts

Radiesl	Radies, Radieschen
Radscho	Radio
Raffer	große Zähne
Rahb	Rabe
Rahm	Raben
Rahmbarch	Rabenberg
Rahsche	Rage, Wut
rammln, nauf-, hie-	gehen, hochgehen, hingehen (schnell)
Rampfl, Rampftl	Brotkanten
Rand – *grußr Rand, halt 'n Rand*	*derb für* Mund
Rannl	Rand (z. B. Wegrand)
rannln	am Waldesrand den Beischlaf ausüben
Rannlwattr	Wetter zum „Rannln", schönes, warmes Wetter
Rasche	Raschau
Ratschr	Radiergummi
Raub	Raupe
rauch	rauh
Rauche Maad	ein Kartoffelgericht
Raum	die Raupen
Raut	ein frecher, draufgängerischer Typ
Rechal	Regal

Rechelator	alte Stubenuhr
redt	redet
Reeng	Regen
Reengbuung	Regenbogen
reenge – *Fix komm rei, is fängt ah zi reenge!*	regnen
Rees – *Du bist mr ja ne Rees.*	Kosewort, *von* Röslein
Reesl – *Nu mei Reesl.*	Röslein, Rose (*auch als* Kosewort)
Reformandl	Strafpredigt, ausschimpfen
Rehr – *Do guckste in de Rehr.*	Röhre, das Nachsehen haben
Rehr – *In de Rehr stiern.*	Fernseher
Rehrnhadr	Topflappen
Reibkaas	Reibkäse
reie	reihen
reime	räumen
Relle	Röllchen
Rettich	elektrischer Stromschlag
Rickrschwall	Großrückerswalde
Rieb	Kopf
riebr	herüber
Rieme	Riemen
rieng	riechen

riesch	derb, rabiat
Rilps	Rüpel
rilpsn – *rimbar rilpsn*	rülpsen, laut schreien, brüllen, schimpfen
rim	herum
rimmachen – *Dir machts wuhl wos rim!*	phantasieren, *auch* jemanden befingern
rimspreisln	aufgeregt schimpfen, herumschimpfen
Rind	Rinde
Rittrschgrie	Rittersgrün (Ort)
Rotzleffl, Rotznos	unreifer Junge
ruht	rot
Ruhtkalle	Rotkehlchen
Ruhtkallebeer	Rote Holunderbeere (Rotkehlchenbeere)
rundimmering	rundherum
Rungiss – *Wos is dä dos vr Rungiss?*	derber, trampeliger Mann
runnr	herunter
Rupperrich, Rupprich	Weihnachtsmann
Ruschlbah	Rodelbahn
ruschln	Schlitten fahren

S wie: Scheie Schoof schloofn schie, wenn de Schlietn ruschln schie.

(Scheue Schafe schlafen schon,
wenn die Schlitten rodeln gehen.)

Saach	Säge
Saachr – *Wartst, bis dr Saachr schleecht!*	Regulator, Uhr
Saaf, Seef	Seife
saang, seeng	sägen
Säche	Urin
Sächbichs	Mädchen, das oft urinieren muß bzw. in die Hosen macht
Sächdopp	Nachttopf
sachte	sacht, langsam
sachzn, sechzn	sechzehn
Saftlodn	schlechtes Ladengeschäft
Sahml	Saum
Sahml – *Nornst mach iech mei Sahml nauf!*	Weg, Rand
sahmo – *sahmo haar*	sieh einmal
saltn	selten
Samml	Semmel

sammorsch	sehen wir es
sammorsch, seimorsch	sind wir soweit
Samstich	Sonnabend
säng	urinieren
Saris	Ärger
Saure Schwamme	Pilz-Eintopf
Saurlump	Sauerampfer
Sauschlachtn	Schlachtfest
Schachdorle	Schächtelchen
Schakenettl	Jackett (auch etwas abwertend)
Schalle	kleinere Schale, Schüssel
scharf	schnell
scharmeziern	Hektik machen, *auch* aufgeregt schwatzen
schatt – *Is schatt nischt!*	schadet (von schaden)
schei	scheu
Schei	Scheune
Scheib	Scheibe
Scheib	Oberscheibe (Ort)
Scheierbirscht	Scheuerbürste
Scheierhador	Scheuerlappen
scheiern	scheuern, ohrfeigen
Scheimbarch	Scheibenberg
Scheißerle	Kosewort für Kleinkinder

Scheppdeckl	komische Kopfbedeckung
Scheppkell	Schöpfkelle
schie	schon
schie	schön
Schie	Ski
Schiebaa	Schienbein
Schiefrdeckr	Dachdecker
Schiebhaad	Schönheide
Schiebhaadr Rubte	„Schönheider Rote" – eine Salami
Schinnln	Schindeln
Schlaat*, *Schlaate	Schlettau
Schlaatz	*sinngemäß für* langes Teil, langes Stück
Schlaatz	Schlitz
schlaatzn	schlitzen
schlacht	schlecht
Schlacknbliemle – *In de Schlacknbliemle gieh.*	Huflattichblüten
schlarfn	schlurfend gehen
Schlarie	unordentliche Frau (auch Kosewort für ein kleines Mädchen)
Schlauch	Lauch
schleecht	schlägt, haut

Schlehm	Schlema
Schlenkorts	Schlenkrich
Schlietn	Schlitten
Schlippr	Schlüpfer
Schlooch	Schlag (Suppe)
Schlooch	der Schlag
Schloof	Schlaf
Schloofahzuch	Schlafanzug
Schloofahzuchgack	Schlafanzugjacke
schloofn – *Bis in de Puppn schloofn.*	schlafen
Schluhsn	Hagelkörner
Schlump – *Su ne alte Schlump!*	Schlampe
Schmalzback	schmeichelnder Mensch, Unsinn Erzählender
Schmantkaar	Unsinn Erzählender
Schmantkantr	Unsinn Erzählender
Schmantr	Unsinn Erzählender
Schmatzle	Baiser
schmaunkn	weinerlich klagen, wimmern
Schmiech	Gliedermaßstab, Zollstock
schmierit	schmierig

***Schmook** – Iech hoob kenn Schmoock.*	Geschmack, Appetit
Schnaadspaa, Schneidspee	Sägespäne
Schnack	Schnecke
Schnack	*derb für das* männliche Glied
Schnadlmassr	Werkzeug zum Entästen
Schnapsnoos	Trinker, Spinner
Schnarrer	Drossel
schneedern	schneidern
Schneidbraatl	Schneidebrettchen
Schneizorle	Schnurrbart
Schniebl	*derb für* männliches Glied (bei Kindern)
Schnoopis	Schnaps
Schnorken	witzige Geschichtchen (meist aus dem echten Leben)
Schoof	Schaf
School	die Schale
Schraub	Schraube
S(s)chraum	die Schrauben, *auch* schrauben
Schubblähr	Meßschieber
Schubbkarr	Schubkarre

Schuhrmaus	Wühlmaus
Schuutn	*speziell für* Zuckererbsen, Schoten
schwaasn	schwitzen
schwaasn	schweißen
Schwamme	Pilze
Schwammekaarbl	Pilzkorb
Schwammetichl	Pilztuch
Schwammle krieng	nervös, verrückt werden
Schwarznbarch	Schwarzenberg
Schwast	Schwester
se	sie
Seehm	Sehma
sei	sind
seie	z. B. Tee durch ein Sieb gießen, abgießen
Seier	Sieb
Seil	Säule
seimr – *Seimr när net bies!*	sei mir
Seire	Säure
selche	solche
Sempf	Senf
Sempfgurk	Senfgurke
sette	solche
setts	solches

siem – *Im Sieme kimmste rei!* — sieben (Zeit, Zahl)
siem — sieben (z. B. Sand sieben)
Siemseire — Siebensäure (bei Neudorf)
sinniern — nachsinnen
Sippl — Suppe
sirme — helles, hartes Brummen
sis — es ist
sisste – *Sisste, dos haste drvu!* — siehst du (belehrend)
sollich — soll ich
Sonnewürml — Marienkäfer
sonnorn — sondern
sooch – *Sooch näremol...* — sage
Sook — Sack (*auch als* nicht zu derbes Schimpfwort)
soong — sagen
soot – *Abr iech hobs soot!* — satt
Spaa, Spee — Span, Späne
spaargn – *Emol spaargn gieh.* — neugierig sein, neugierig umsehen
Spaargusch — neugieriger Mensch
Späch — Speiche
Späng — Speichen
Späng — dünne Beine

Sparrlich	Sperling
Speckr	Hut
Spiechl	Spiegel
Spinn	erzgebirgischer Leuchter (armig)
spitz krieng	etwas mitbekommen
spraatzn	spreitzen, *auch im Sinne von* sich zeigen
Spruhtz	Druck (u. a. in Limoflaschen)
Staa, Stee	Stein, Steine
Staat	herausputzen, gut anziehen, schön aussehen
Stackele – *In de Stackele gieh.*	Holzstöckchen, Holz aus dem Wald holen
Stackn	Beine, Stecken
Starrle	Sterne
Steck – *Steck raustue*	Baumstümpfe
Steppl	kleiner Junge
Stepsl	Stöpsel
Stich	steiler Anstieg
Stiehl	Stühle
stirln	stochern, herumsteigen
stisste	stehst du
straachln	streicheln
Straafn, Straafm	Streifen

streesich unterwegs
streing streichen
streing streunen
Streisl Strauß
Streisl Streusel (z. B. bei Streuselkuchen)
Strimp Strümpfe
striwied durcheinander, fitzig
Stroof Strafe
Struh Stroh
Strump Strumpf
Strumphus Strumpfhose
Stuub – *In dr gutn Stuub.* Stube
su so
suchn suchen
Suhl Sohle
sune so eine
Sunntich Sonntag
surme surren, brummen
suzesong sozusagen

T wie: Traatschn, bisne tirmlich ward.

(Schwatzen, bis es ihnen schwindelig wird.)

Tallr	Teller
Tallrbeisr	Tellerhäuser (Ort)
Tampl	Gruppe
Tannebarch	Tannenberg
Tant	Tante
tappisch – *Ewing tappisch abstelln.*	ungeschickt
Teel	Teil
teeln	teilen
teier	teuer
Tellefon	Telefon
Tholm	Thalheim
Tier	Tür
Tiernschwellnfuttr	wenig nahrhaftes Essen
Tiet	Tüte
tirmlich	schwindelig
Tooch	Tag
Traachkorb – *Bist e richtschr Traachkorb!*	Tragekorb, *auch für* schwerfälliger Denker
Traambuch	schwerfälliger Mensch
Traatsch	Klatsch (von schwatzen)
tramplich	poltrig, ungeschickt

trei treu
treich trocken
Trepple wenige Tropfen
treppln tröpfeln
Trinkrehrle Trinkröhrchen, Strohhalm
troong Tragen
Troppm Tropfen
Tschätscher jemand, der beim Essen wählerisch ist
Tschatscherle kleine Menge Flüssigkeit
Tschumprliedl Tanzlied
tschuschn urinieren
tunne tun es
tut tot
Tutnstaa Totenstein (Fels in Schwarzenberg)

U wie: **Unnr dr Unnrhus, do is wos luus.**

(Unter der Unterhose, da ist was los.)

Uchs *– Naa, su e altr Uchs.*	Ochse, *auch* sturer Mensch
Ufm *– In Ufm guckn.*	Ofen, *auch* das Nachsehen haben
Ufmrehr	Ofenröhre
Ugelick *– Innuduugelick!*	Unglück
Ugeschick	Ungeschick
uhm	oben
Ukraut	Unkraut
unnr	unser
unnr	unter
Unnrhus	Unterhose
Unnrscheib	Unterscheibe (Ort)
unnrwaachs	unterwegs
usse	*wie* ach, erstaunt sein
Ustrei *– Ustreier suchn*	Osterei
Ustrgroos	Ostergras
Ustrhoos	Osterhase
Ustrn	Ostern
Ustrsunntich	Ostersonntag

V wie: Veechle singe vaarschle.

(Vögel singen Verse.)

Vaarsch	Vers
Vat, Vatl	Vater
Veechele, Veechle	Vogel, Vögel, Vöglein
Viech	Vieh, Tier
vichelant	pfiffig
Viehzitt	Viehtrifft
vier	vor
vollterscht	ganz, restlos
vorn	vor den
vr	vor, ver-
vrarschn – *Iech less miech doch net vrarschn!*	anlügen
vrfaulte Gack	verfaulte Jacke (sagt man ohne Inhalt, wenn irgend etwas los ist, *etwa wie:* Das ist ja ein Ding!)
vrhuhnebibeln	verunstalten
vrlaageln	verleugnen
vrpfeifm	verraten
vrscharmoriern	komisch anziehen, zum Fasching verkleiden

vrsifft	verdreckt
vrstissts	verstehst du es
vrsubln	verprügeln, schlagen
vrtagis	eine Art Fluch

W wie: Warrwass, wie waach dr Waach is?

(Wer weiß, wie weich der Weg ist?)

waach, weech	weich
Waach, Waag	der Weg
Waachl	eigenes Auto (*auch anerkennend für* großes, gutes Auto
waable	inzwischen
waarsch	werde es
waaß machen	etwas vormachen
Waazbirr	Weizenbirne
Waazn	Weizen
wagg – *Is de Ladrgack wagg?*	weg, verschwunden
waggehab	weggeworfen
Walle	kleines Wäldchen
Walldorschdorf	Walthersdorf
war	wer
ward	wird
warich	war ich
warrschte	wirst du es
warrwass	wer weiß
wass, wess – *Wos wass iech dä!*	weiß (von wissen)

wass net, wess net	weiß nicht
wattrn	schimpfen
wechln	brennen (*im Sinne von* stark, intensiv, z. B. das Feuer wechelt, eins ins Schienbein wecheln, Schmerz, der wechelt, die Sonne wechelt)
Weibsn	Frau, Frauen
Wicklklies	Wickelklöße (aus Nudelteig)
wiebln	stopfen
Wies – *in dr Wies*	Wiesa
Wiesnbood	Wiesenbad
winnrlich	weinerlich
wirchlich	wirklich
wirng	drängeln, schieben
Woch	Woche
wohr	wahr
Wooch	Waage
wooch – *Wooch dorsch ja net!*	wage (*von* etwas wagen)
Wood	Wade
woss	was
wossdeluus	was ist denn los
wossdenu	was ist denn nun

wuhr	wurde
wunnern – *Wunnersaltn emol.*	wundern
Wunnr	Wunder
Wurscht	Wurst
wurschtln	wursteln
wuu	wo

X wie: Hier gibbs fast nischt.

(Hier gibt es fast nichts.)

X-Baa	X-Beine
Xr – *Mach när kaane selche Xr!*	X-Beine

Y wie: Un hier garnischt.

(Und hier garnichts.)

Z wie: Zieng zinne Ziechle gruß.

(Ziegen ziehen Zieglein groß.)

Zaachning	Zeichnung
zaange	zeichnen
zaanln	zahnen, Zähne bekommen
zahnln	anfletschen, anschimpfen
zahnlt	es schmerzt, *auch* vor Schmerz die Zähne zeigen bzw. vor Schmerz die Luft durch die Zähne ziehen
zamm	zusammen
Zammschiß	ausschimpfen
Zang	Zange
Zappn	Zapfen, *auch für* jemanden, der den Schaden hat
zappndustr – *Sis schie zappndustr drinne!*	richtig dunkel, Schluß
zarrn	zerren
Zarrwanst	Ziehharmonika
zehln	zählen
Zeich	Zeug

zeich	zeige
zeing	zeigen
zesamm	zusammen
Zessich	Zeisig
zi – *zi gutr Letzt*	zu
zie	zieh
Zieble	Kücken
Ziech	Züge
Ziech, Ziechle	Ziege, kleine Ziege
Ziechl	Ziegel
ziehe	ziehen
Ziengbaa	dünne Beine
Zigrett, Zigrettl	Zigarette
zin Ei machn	lächerlich machen
zin Hub	zum Hohn
zinne	ziehen
Zippl	Zipfel
Zinsn	Zensuren
Zohln	Zahlen
zohln	bezahlen
zschinnrn	schlittern, rutschen
Zschop	Zschopau
Zuckerle	Bonbon
zudln	an den Haaren ziehen
Zudln, Zudn – *Die Zudln komme runnr!*	lange, strähnige Haare

Zudlsupp	Kartoffelsuppe
zuschwartn	derb zuschlagen
Zwaanz, Zweenz	Zwönitz
Zwack	körperlich kleines, aufgewecktes Kind
zwackn	zwicken
zweje	zwei
Zwicke	Zwickau
Zwieblschlauch	Zwiebellauch
Zuckerle – *Hier, haste e Zuckerle.*	Bonbon

Es haben mitgeholfen:

Adner, Thea	Fahle, Beate
Fahle, Werner	Geitner, Robert
Großer, Johannes	Heidler, Regina
Heidler, Siegfried	Klinger, Ina
Naumann, Frohmut	Reichel, Horst
Riedel, Sabine	Sachse, Carmen
Schmidt, Konrad	Schmidt, Peter
Steudel, Peggy	...

Mit außerordentlicher Freude verfaßt,

Hendrik Heidler – Scheibenberg, im Juni 1997

der Fa. Heidler & Fahle Scheibenberg
Rudolf-Breitscheid-Straße 22
09481 Scheibenberg/Erzgebirge
Tel.: (03 73 49) 84 37, Fax 75 83
E-Mail: heifah@wfa-erzgebirge.de